Impressum
Verlag: BABADADA GmbH, Nedderfeld 112 , 22529 Hamburg
Geschäftsführer / Verlagsleitung: Harald Hof
Druck: Books on Demand GmbH, In de Tarpen 42, 22848 Norderstedt

Imprint
Publisher: BABADADA GmbH, Nedderfeld 112 , 22529 Hamburg, Germany
Managing Director / Publishing direction: Harald Hof
Print: Books on Demand GmbH, In de Tarpen 42, 22848 Norderstedt, Germany

škola

کلاس درس
trieda

تقسیم کردن
deliť

186/2

تخته
tabuľa

حیاط مدرسه
školský dvor

معلم
učiteľ

کاغذ
papier

نوشتن
písať

خودکار
pero

میز تحریر
písací stôl

خط کش
pravítko

کتاب
kniha

دانش آموز
žiak

کیف مدرسه
školská taška

جامدادی
peračník

مداد
ceruza

تراش
strúhadlo na ceruzky

پاک کن
guma

دفتر رسم
skicár

طراحی

kresba

قلم مو

štetec

جعبه ی آبرنگ

vodové farby

قیچی

nožnice

چسب

lepidlo

کتاب تمرین

cvičný zošit

تکلیف خانه

domáca úloha

12

رقم

číslo

2+2

جمع کردن

sčítať

5-2

تفریق کردن

odčítať

2×2

ضرب کردن

násobiť

محاسبه کردن

počítať

A

حرف الفبا

písmeno

**ABCDEFG
HIJKLMN
OPQRSTU
VWXYZ**

الفبا

abeceda

hello

کلمه

slovo

متن

text

خواندن

čítať

گچ

krieda

درس

hodina

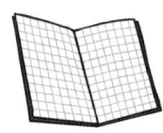

ثبت نام

triedna kniha

امتحان

skúška

مدرک رسمی

certifikát

لباس مدرسه

školská uniforma

تحصیلات

vzdelanie

دانشنامه

encyklopédia

دانشگاه

univerzita

میکروسکوپ

mikroskop

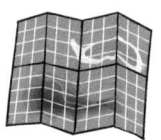

نقشه

mapa

سبد کاغذ باطله

kôš na papier

سفر

cesta

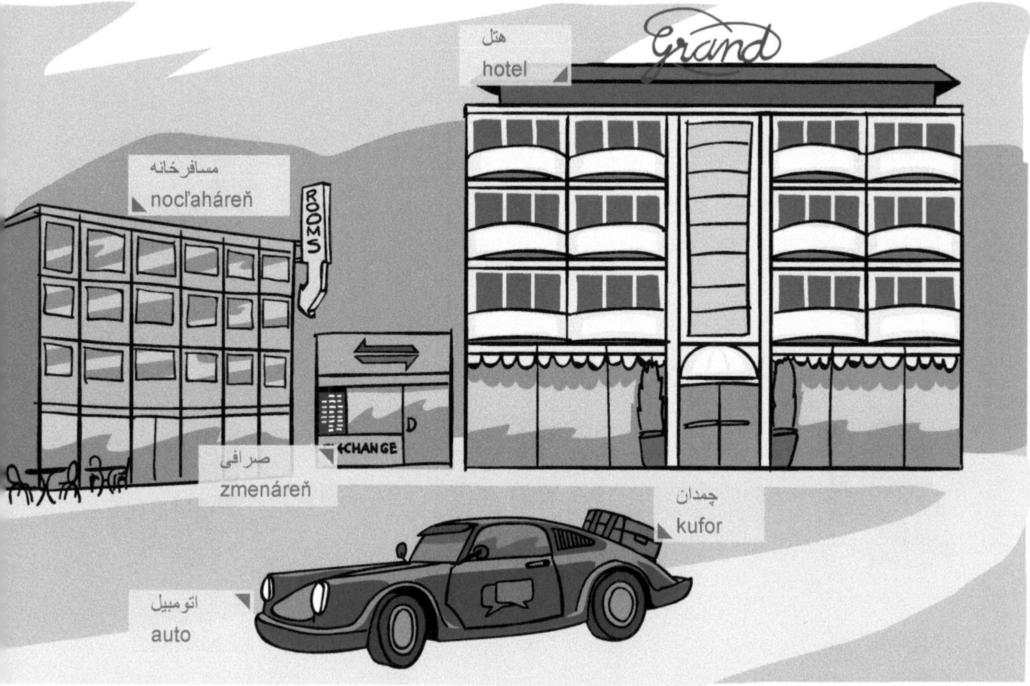

هتل
hotel
Grand
مسافرخانه
nocľaháreň
ROOMS
CHANGE
صرافی
zmenáreň
چمدان
kufor
اتومبیل
auto

زبان

jazyk

بله / خیر

áno/nie

اُکی

v poriadku

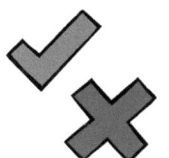

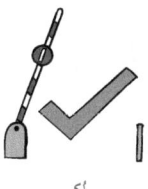

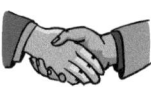

سلام

ahoj

مترجم

prekladateľ

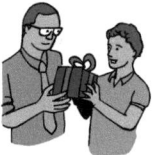

ممنون

ďakujem

قیمت ... چه قدر است؟

Koľko stojí ... ?

من متوجه نمی شوم

Nerozumiem

مشکل

problém

عصر بخیر! / شب بخیر!

Dobrý večer!

صبح بخیر!

Dobré ráno!

شب بخیر!

Dobrú noc!

خدانگهدار

Dovidenia

جهت

smer

بار سفر

batožina

کیف

taška

کوله پشتی

batoh

مهمان

hosť

اتاق

izba

کیسه خواب

spacák

خیمه

stan

مرکز راهنمای گردشگران

informácie pre turistov

ساحل

pláž

کارت اعتباری

kreditná karta

صبحانه

raňajky

ناهار

obed

شام

večera

بلیط

cestovný lístok

آسانسور

výťah

مهر

poštová známka

مرز

hranica

گمرک

clo

سفارتخانه

veľvyslanectvo

ویزا

vízum

گذرنامه

cestovný pas

حمل و نقل

doprava

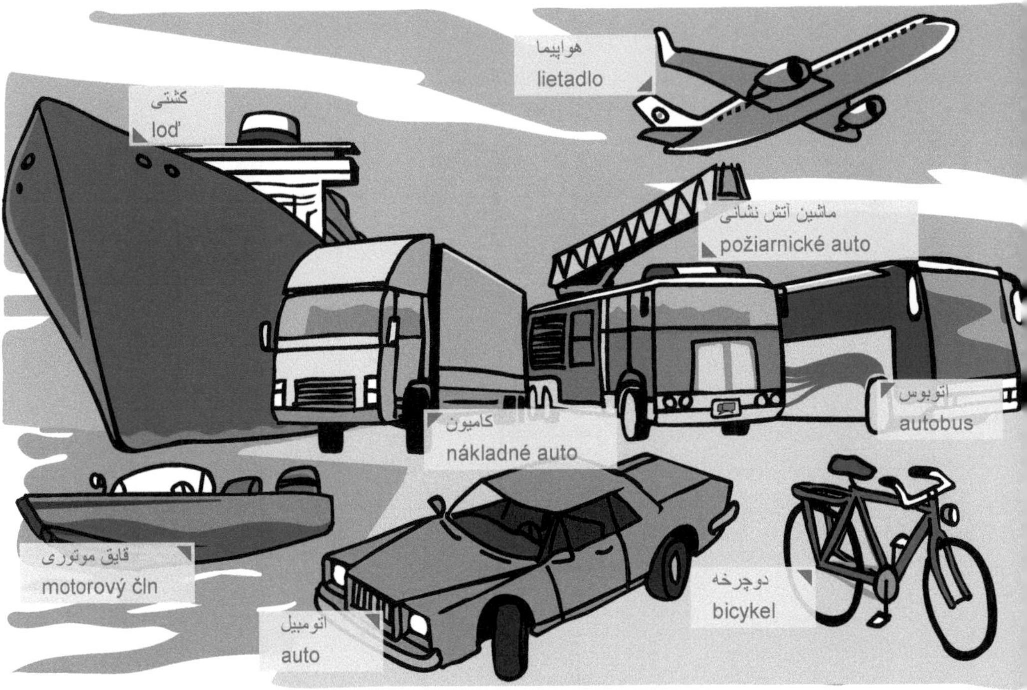

هواپیما
lietadlo
کشتی
loď
ماشین آتش نشانی
požiarnické auto
اتوبوس
autobus
کامیون
nákladné auto
قایق موتوری
motorový čln
دوچرخه
bicykel
اتومبیل
auto

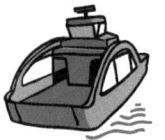

کشتی مسافربری

trajekt

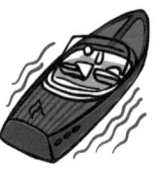

قایق

loď

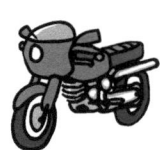

موتورسیکلت

motorka

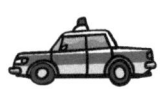

ماشین پلیس

policajné auto

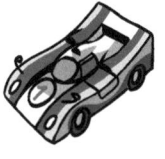

ماشین مسابقه

pretekárske auto

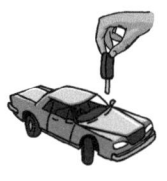

ماشین کرایه ای

vozidlo z požičovne

به اشتراک گذاری اتوموبیل

carsharing

جرثقیل

odťahové auto

ماشین حمل زباله

smetiarske auto

موتور

motor

بنزین

benzín

پمپ بنزین

čerpacia stanica

تابلو راهنمایی و رانندگی

dopravná značka

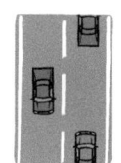

عبور و مرور

premávka

ترافیک

zápcha

پارکینگ

parkovisko

ایستگاه قطار

vlaková stanica

ریل راه آهن

trate

قطار

vlak

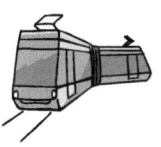

قطار برقی

električka

واگن

vagón

هلیکوپتر

helikoptéra

فرودگاه

letisko

برج

veža

مسافر

pasažier

کانتینر

kontajner

کارتن

kartón

گاری

vozík

سبد

kôš

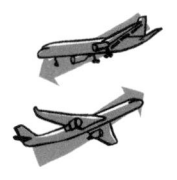

به پرواز درآمدن / فرود آمدن

štartovať / pristáť

شهر

mesto

دهکده

dedina

مرکز شهر

centrum mesta

خانه

dom

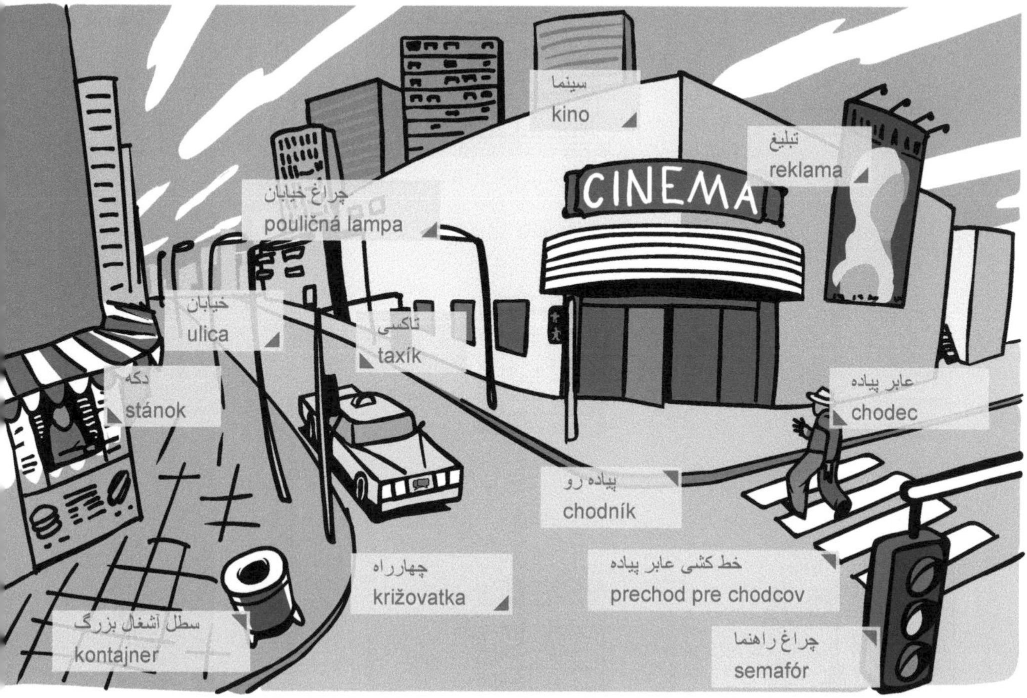
سینما
kino
تبلیغ
reklama
CINEMA
چراغ خیابان
pouličná lampa
خیابان
ulica
تاکسی
taxík
دکه
stánok
عابر پیاده
chodec
پیاده رو
chodník
چهارراه
križovatka
خط کشی عابر پیاده
prechod pre chodcov
سطل آشغال بزرگ
kontajner
چراغ راهنما
semafór

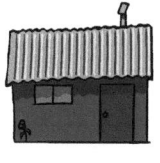

کلبه

chata

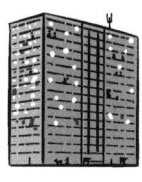

آپارتمان

byt

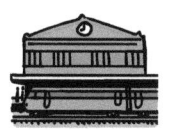

ایستگاه قطار

vlaková stanica

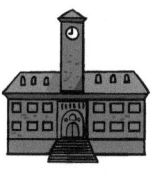

ساختمان شهرداری

radnica

MUSEUM
موزه

múzeum

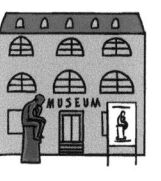

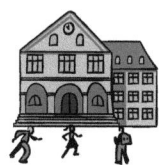

مدرسه

škola

دانشگاه

univerzita

بانک

banka

بیمارستان

nemocnica

هتل

hotel

داروخانه

lekáreň

اداره

kancelária

کتابفروشی

kníhkupectvo

مغازه

obchod

گل فروشی

kvetinárstvo

سوپرمارکت

supermarket

بازار

trh

فروشگاه بزرگ

obchodný dom

ماهی فروش

obchodník s rybami

مرکز خرید

nákupné stredisko

بندر

prístav

شهر - mesto

پارک

park

نیمکت

lavička

پل

most

پله

schody

مترو

metro

تونل

tunel

ایستگاه اتوبوس

autobusová zastávka

میخانه

bar

رستوران

reštaurácia

صندوق پست

poštová schránka

تابلوی خیابان

tabuľa s názvom ulice

دستگاه پارکومتر

parkovacie hodiny

باغ وحش

ZOO

استخر شنای عمومی

plaváreň

مسجد

mešita

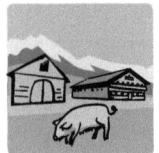

مزرعه

farma

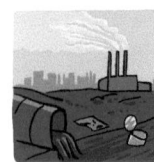

آلودگی محیط زیست

znečisťovanie životného prostredia

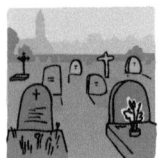

قبرستان

cintorín

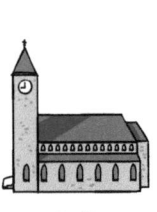

کلیسا

kostol

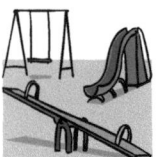

زمین بازی

ihrisko

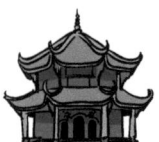

معبد

chrám

چشم انداز

terén

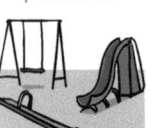

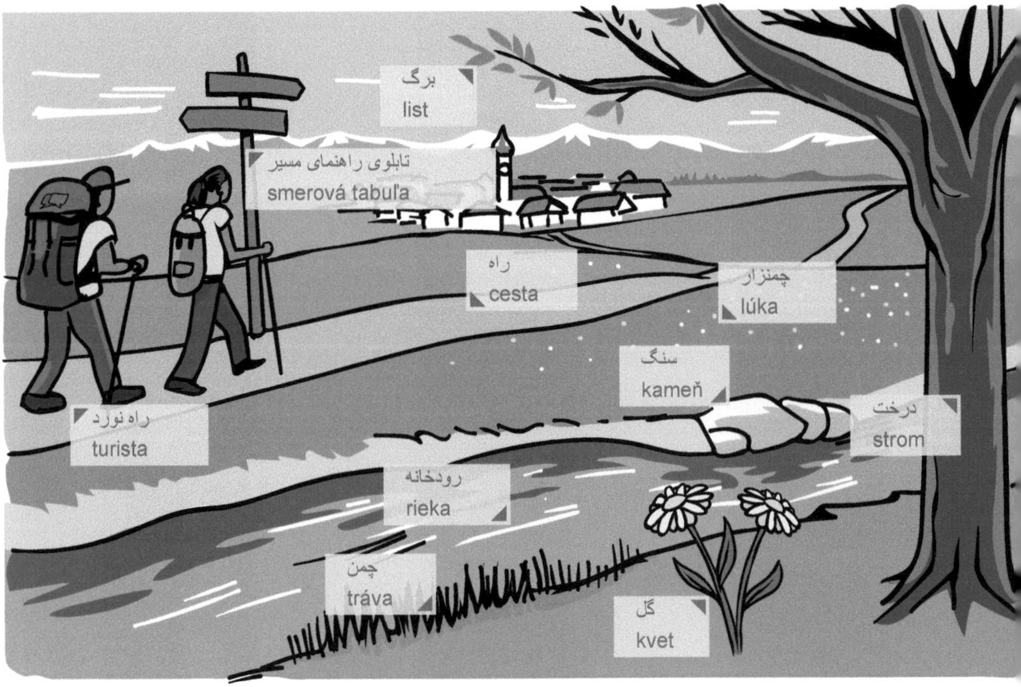
برگ
list
تابلوی راهنمای مسیر
smerová tabuľa
راه
cesta
چمنزار
lúka
سنگ
kameň
راه نورد
turista
درخت
strom
رودخانه
rieka
چمن
tráva
گل
kvet

دره
....
dolina

تپه
....
kopec

دریاچه
....
jazero

جنگل
....
les

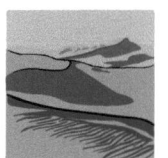

بیابان
....
púšť

کوه آتشفشان
....
vulkán

قلعه
....
zámok

رنگین کمان
....
dúha

قارچ
....
hríb

درخت نخل
....
palma

پشه
....
komár

مگس
....
mucha

مورچه
....
mravec

زنبور
....
včela

عنکبوت
....
pavúk

سوسک

chrobák

قورباغه

žaba

سنجاب

veverička

جوجه تیغی

jež

خرگوش صحرایی

zajac

جغد

sova

پرنده

vták

قو

labuť

گراز

diviak

گوزن نر

jeleň

گوزن شمالی

los

سد آب

hrádza

توربین بادی

veterná turbína

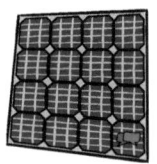

صفحه ی خورشیدی

solárny panel

آب و هوا

podnebie

رستوران
reštaurácia

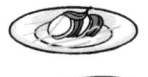

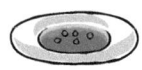

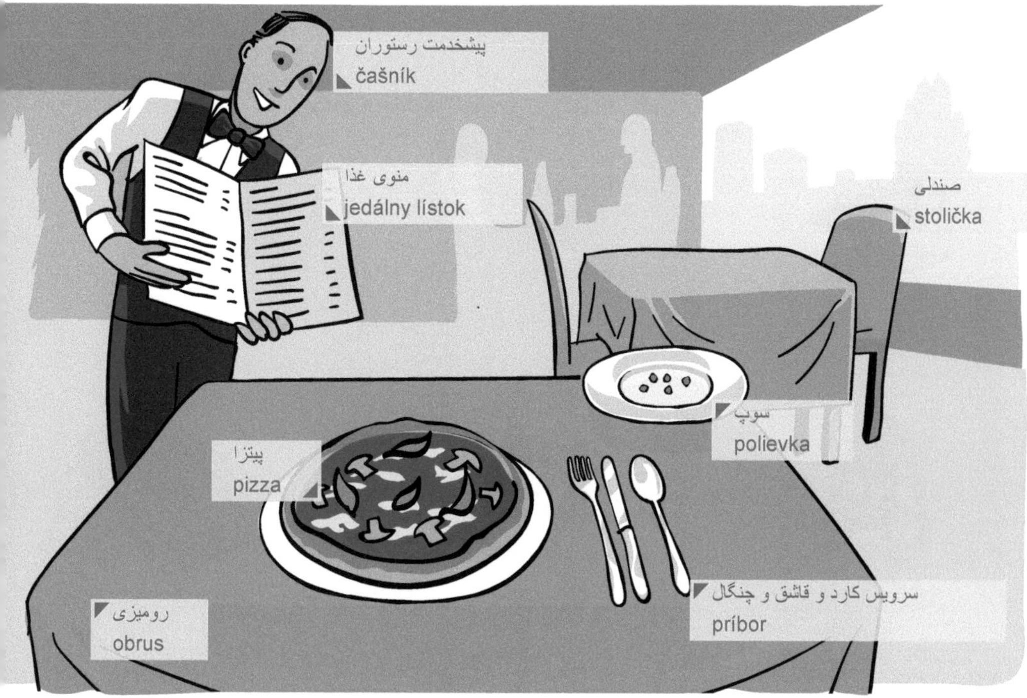

پیشخدمت رستوران
čašník
منوی غذا
jedálny lístok
صندلی
stolička
سوپ
polievka
پیتزا
pizza
سرویس کارد و قاشق و چنگال
príbor
رومیزی
obrus

پیش‌غذا

predjedlo

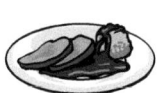

غذای اصلی

hlavné jedlo

دسر

zákusok

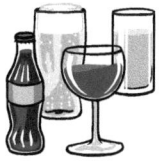

نوشیدنی ها

nápoje

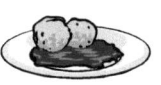

غذا

jedlo

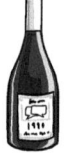

بطری

fľaša

فست فود

fast-food

اغذیه خیابانی

street food

قوری

kanvica na čaj

قندان

cukornička

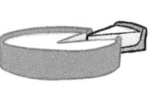

پُرس غذا

porcia

دستگاه اسپرسو

stroj na espresso

صندلی پایه بلند غذاخوری بچه

detská stolička

صورتحساب

účet

سینی

podnos

چاقو

nôž

چنگال

vidlička

قاشق

lyžica

قاشق چایخوری

čajová lyžička

دستمال سفره

obrúsok

ليوان

pohár

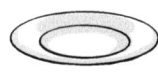

بشقاب

tanier

بشقاب سوپخوری

hlboký tanier

نعلبکی

podšálka

سس

omáčka

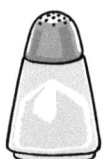

نمکدان

soľnička

فلفل ساب

mlynček na korenie

سرکه

ocot

روغن خوراکی

olej

ادویه جات

korenie

سس کچاپ

kečup

سس خردل

horčica

سس مایونز

majonéza

سوپرمارکت

supermarket

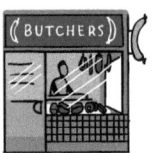

پیشنهاد ویژه
špeciálna ponuka
FOR
مشتری
klient
لبنیات
mliečne výrobky
میوه جات
ovocie
چرخ دستی خرید
nákupný vozík

BUTCHERS

قصابی

....

mäsiarstvo

BAKERY

نانوایی

....

pekáreň

وزن کردن

....

vážiť

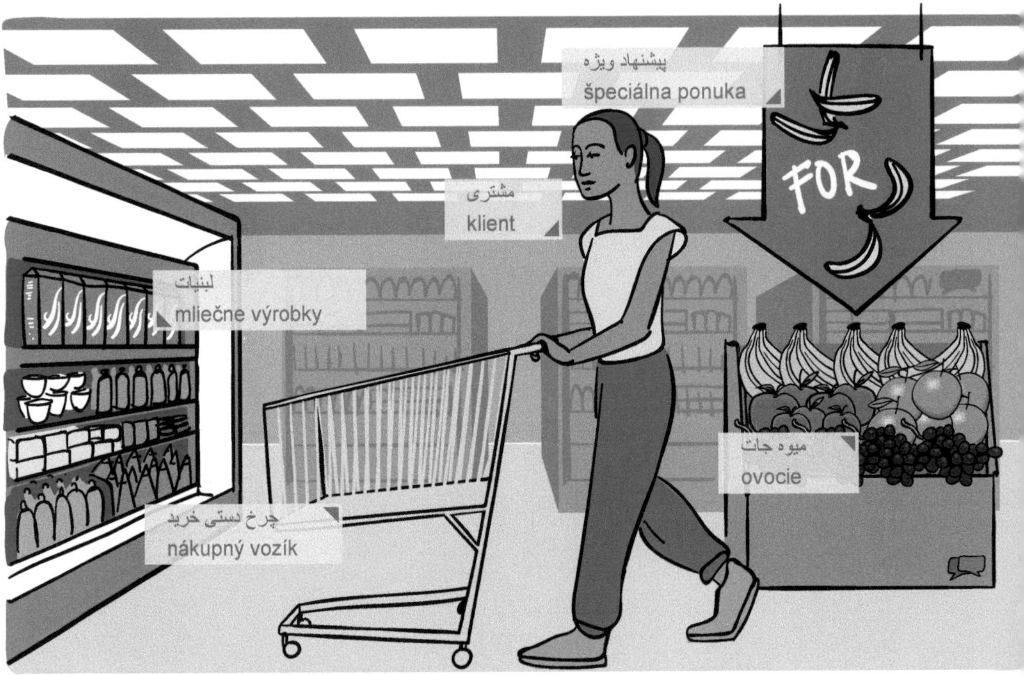

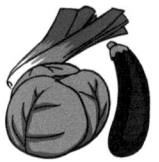

سبزیجات

....

zelenina

گوشت

....

mäso

غذای منجمد

....

mrazené potraviny

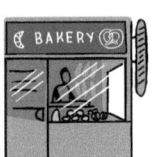

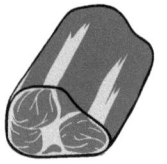

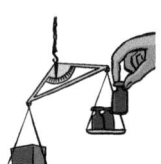

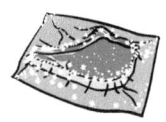

مخلوطی از انواع کالباس یا پنیر که
ورقه ای بریده شده باشند
....
nárez

غذای کنسروی
....
konzervy

پودر لباسشویی
....
prací prostriedok

شیرینی جات
....
sladkosti

لوازم خانگی
....
domáce potreby

ماده شوینده و پاک کننده
....
čistiace prostriedky

فروشنده
....
predavačka

صندوق پرداخت
....
pokladňa

صندوقدار
....
pokladník

لیست خرید
....
nákupný zoznam

ساعات کار
....
otváracie hodiny

کیف پول
....
peňaženka

کارت اعتباری
....
kreditná karta

کیف
....
taška

کیسه ی پلاستیکی
....
plastové vrecko

آب

voda

آبمیوه

džús

شیر

mlieko

نوشابه کوکاکولا

kola

شراب

víno

آبجو

pivo

الکل

alkohol

کاکائو

kakao

چای

čaj

قهوه

káva

قهوه اسپرسو

espresso

کاپوچینو

kapučíno

موز

banán

سیب

jablko

پرتقال

pomaranč

انواع هندوانه و خربزه

melón

لیمو

citrón

هویج

mrkva

سیر

cesnak

نی بامبو

bambus

پیاز

cibuľa

قارچ

hríb

آجیل

orechy

ماکارونی

rezance

اسپاگتی

špagety

برنج

ryža

سالاد

šalát

سیب زمینی سرخ کرده

hranolky

سیب زمینی سرخ شده

pečené zemiaky

پیتزا

pizza

همبرگر

hamburger

ساندویچ

obložený chlebík

شنیتسل

rezeň

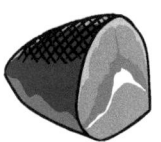

ژامبون خوک

šunka

سالامی

saláma

سوسیس

klobása

مرغ

kurča

نوعی گوشت سرخ شده

pečené mäso

ماهی

ryba

جوی پرک شده

ovsené vločky

نوعی صبحانه مخلوطی از برگه ذرت و
میوه های خشک شده و خشکبار که
معمولا با شیر خورده می شود

müsli

کورن‌فلکس

kukuričné lupienky

آرد

múka

کرواسان

croissant

نان بروتشن

pečivo

نان

chlieb

نان تست

hrianka

بیسکویت

sušienky

کره

maslo

کشک

tvaroh

کیک

koláč

تخم مرغ

vajce

تخم مرغ نیمرو

volské oko

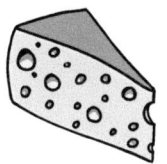

پنیر

syr

بستنی
zmrzlina

شکر
cukor

عسل
med

مربا
lekvár

کرم شکلاتی بادامی
nugátová nátierka

ادویه کاری
karí korenie

مزرعه

farma

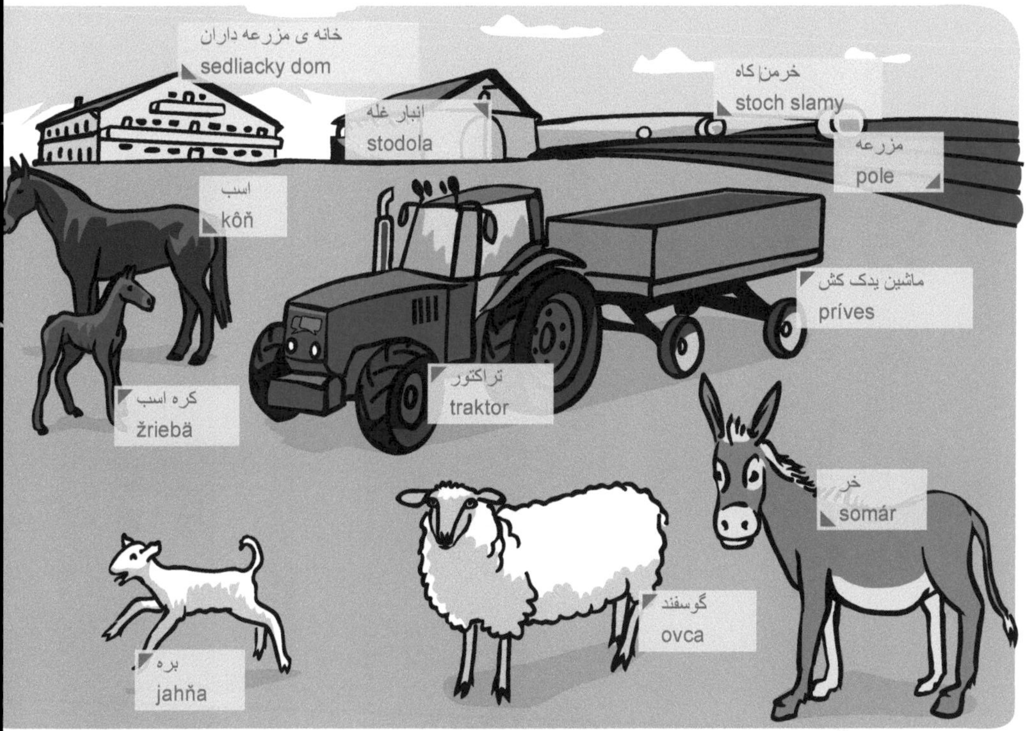

خانه ی مزرعه داران
sedliacky dom
انبار غله
stodola
خرمن کاه
stoch slamy
مزرعه
pole
اسب
kôň
ماشین یدک کش
príves
کره اسب
žriebä
تراکتور
traktor
خر
somár
گوسفند
ovca
بره
jahňa

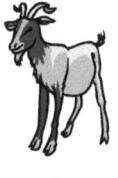

بز

koza

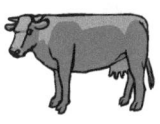

گاو ماده

krava

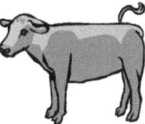

گوساله

teľa

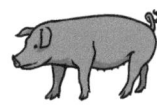

خوک

prasa

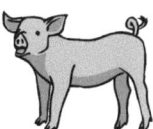

بچه خوک

prasiatko

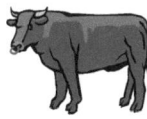

گاو نر

býk

غاز

hus

اردک

kačica

جوجه

kuriatko

مرغ

sliepka

خروس

kohút

موش صحرایی

potkan

گربه

mačka

موش

myš

گاو نر اخته

vôl

سگ

pes

لانه ی سگ

psia búda

شلنگ باغبانی

záhradná hadica

آبپاش

krhla

داس دسته بلند

kosa

گاوآهن

pluh

داس

kosák

کج بیل

motyka

چنگک باغبانی

vidly na hnoj

تبر

sekera

فرقون

fúrik

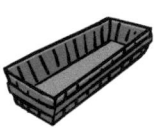

آبشخور

koryto

بطری نگهداری شیر

kanva na mlieko

کیسه

vrece

حصار

plot

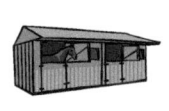

اصطبل

maštaľ

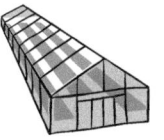

گلخانه

skleník

خاک

pôda

بذر

osivo

کود

hnojivo

ماشین کمباین

kombajn

برداشت کردن محصول

žať

محصول

žatva

تمیس

batát

گندم

pšenica

سویا

sója

سیب زمینی

zemiak

ذرت

kukurica

کلزا

repka

درخت میوه

ovocný strom

گیاه مانیوک

maniok

غلات

obilie

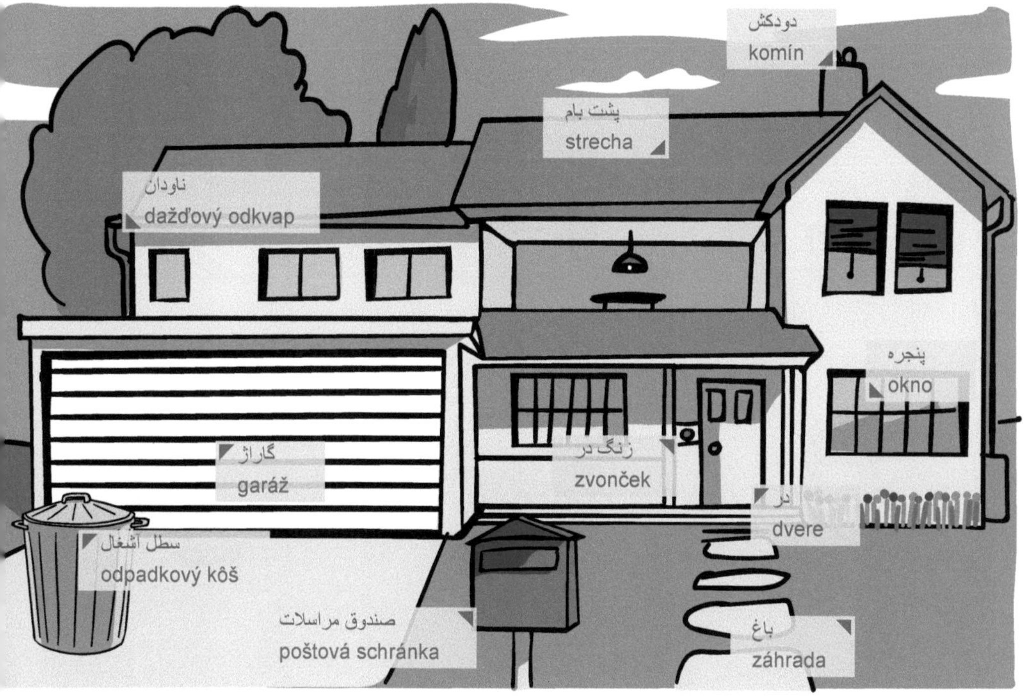

دودکش
komín

پشت بام
strecha

ناودان
dažďový odkvap

پنجره
okno

گاراژ
garáž

زنگ در
zvonček

در
dvere

سطل اشغال
odpadkový kôš

صندوق مراسلات
poštová schránka

باغ
záhrada

اتاق نشیمن
obývačka

حمام
kúpeľňa

آشپزخانه
kuchyňa

اتاق خواب
spálňa

اتاق بچه
detská izba

ناهارخوری
jedáleň

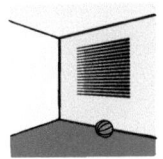

كف زمين

podlaha

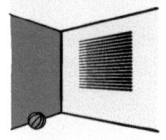

ديوار

stena

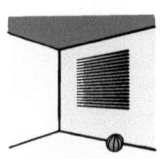

سقف

strop

زيرزمين

pivnica

سونا

sauna

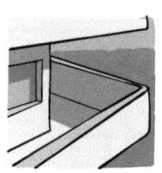

بالكن

balkón

تراس

terasa

استخر

bazén

ماشين چمنزنى

kosačka

ملافه

obliečka

روتختى

posteľná prikrývka

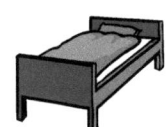

تختِ خواب

posteľ

جارو

metla

سطل

vedro

سويچ يا كليد

vypínač

اتاق نشیمن

obývačka

کاغذ دیواری
tapeta
عکس
obraz
لامپ
lampa
قفسه
regál
کابینت
skriňa
تلویزیون
televízor
شومینه
kozub
گل
kvet
کوسن
vankúš
کاناپه
pohovka
گلدان
váza
کنترل تلویزیون و ویدئو و غیره
diaľkové ovládanie

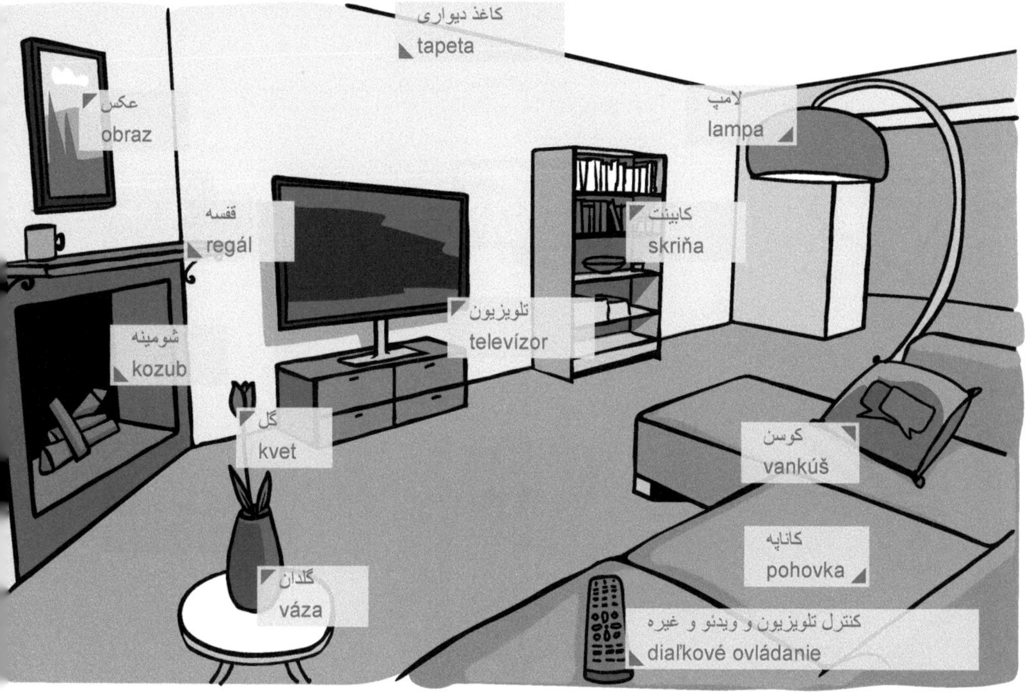

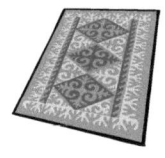

فرش

koberec

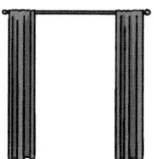

پرده

záclona

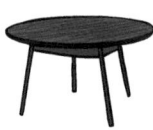

میز

stôl

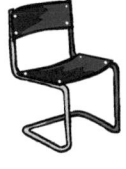

صندلی

stolička

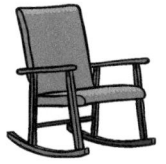

صندلی گهواره ایی

hojdacie kreslo

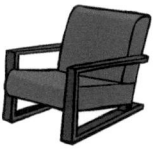

صندلی راحتی

kreslo

كتاب

kniha

لحاف

prikrývka

دكوراسيون

dekorácia

هيزم

drevo na kúrenie

فيلم

film

دستگاه ضبط صوت

hi-fi veža

كليد

kľúč

روزنامه

noviny

تابلو نقاشی

maľba

پوستر

plagát

رادیو

rádio

دفترچه یادداشت

zápisník

جاروبرقی

vysávač

كاكتوس

kaktus

شمع

sviečka

آشپزخانه
kuchyňa

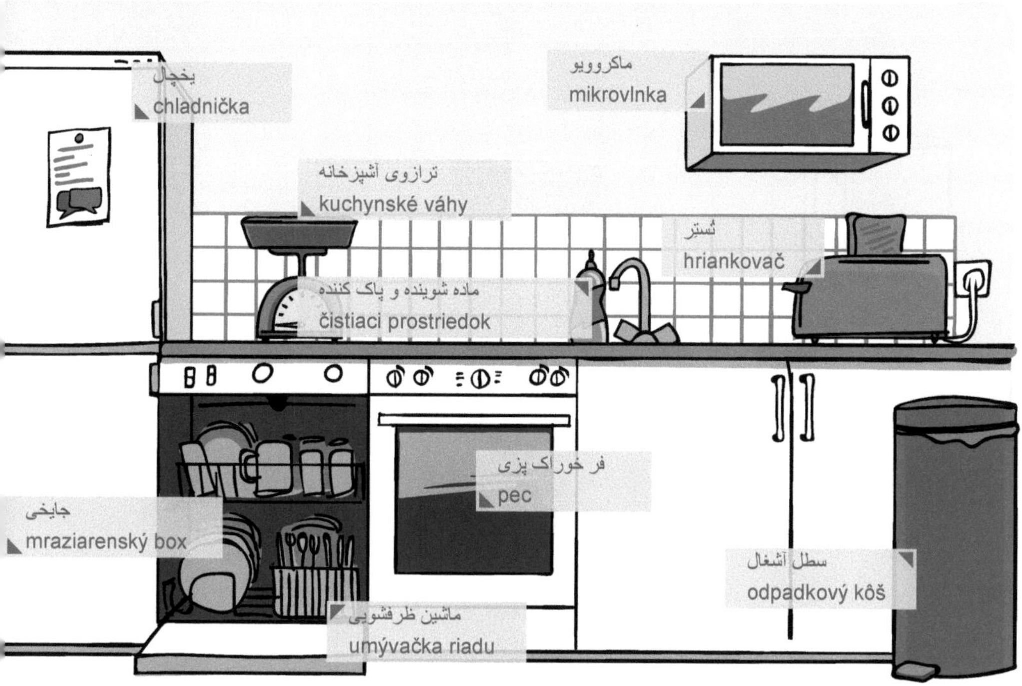

یخچال
chladnička
ماکروویو
mikrovlnka
ترازوی آشپزخانه
kuchynské váhy
تُستر
hriankovač
ماده شوینده و پاک کننده
čistiaci prostriedok
فر خوراک پزی
pec
جایخی
mraziarenský box
سطل آشغال
odpadkový kôš
ماشین ظرفشویی
umývačka riadu

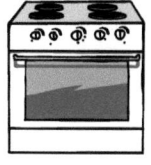

اجاق گاز
sporák

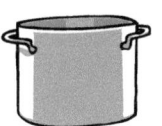

قابلمه
hrniec

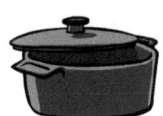

قابلمه چدنی
železný hrniec

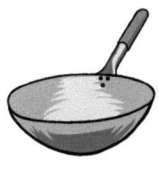

ماهی تابه گود
wok / kadai

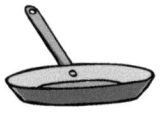

ماهی تابه
panvica

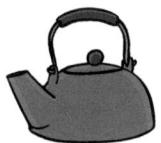

کتری
rýchlovarná kanvica

بخاریز

parný hrniec

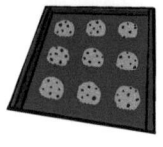

سینی فر

plech na pečenie

ظرف چینی آشپزخانه

riad

لیوان

pohár

کاسه

misa

چاپستیک

paličky

ملاقه

naberačka na polievku

کفگیر

stierka

همزن

metlička

آبکش

cedidlo

آبکش

sitko

رنده

strúhadlo

هاون

mažiar

باربیکیو

gril

محل مخصوص افروختن آتش

ohnisko

تخته گوشت و سبزی

doska na krájanie

وردنه

valček na cesto

در بطری بازکن

vývrtka

قوطی

konzerva

در قوطی بازکن

otvárač na konzervy

دستگیره پارچه ای

chňapka

سینک ظرفشویی

výlevka

برس گردگیری

kefa

اسفنج

hubka

مخلوط کن

mixér

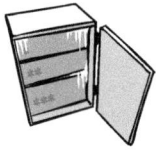

فریزر

mraznička

شیشه شیر بچه

kojenecká fľaša

شیر آب

vodovodný kohútik

kúpeľňa

دوش
sprcha

بخاری
kúrenie

حوله
uterák

پرده ی حمام
sprchový záves

حمام کف
pena do kúpeľa

وان حمام
vaňa

لیوان
pohár

ماشین لباسشویی
práčka

کاشی
dlaždice

شیر آب
vodovodný kohútik

لگن دستشویی کودکان
nočník

سینک ظرفشویی
výlevka

توالت
záchod

توالت ایرانی
suchý záchod

کاسه توالت
bidet

توالت مخصوص آقایان
pisoár

دستمال توالت
toaletný papier

فرچه توالت
záchodová kefa

مسواک

zubná kefka

خمیردندان

zubná pasta

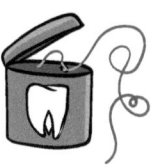

نخ دندان

dentálna niť

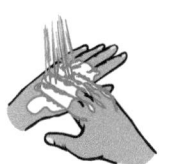

شستَن

umývať

دوش آب تلفنی

ručná sprcha

شلنگ توالت

sprcha pre intímnu hygienu

لگن روشویی

umývadlo

برس شست و شوی پشت

kefa na chrbát

صابون

mydlo

شامپو بدن

sprchový gél

شامپو

šampón

لیف حمام

frotírová rukavica

راه آب

odtok

کرم

krém

اسپری دئودورانت

dezodorant

آیینه
zrkadlo

آیینه ی کوچک دستی
kozmetické zrkadlo

تیغ ریش تراشی
žiletka

کف ریش‌تراشی
pena na holenie

آفترشیو
voda po holení

شانه ی سر
hrebeň

برس
kefa

سشوار
sušič vlasov

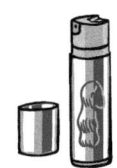

اسپری مو
sprej na vlasy

آرایش
make-up

رژلب
rúž

لاک ناخن
lak na nechty

پنبه
vata

قیچی ناخن
nožnice na nechty

عطر
parfum

کیف لوازم آرایشی و بهداشتی

kozmetická taška

چهارپایه

stolček

ترازو

váha

حوله ی پالتویی

kúpací plášť

دستکش ظرفشویی

gumové rukavice

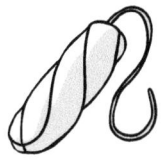

تامپون

tampón

نوار بهداشتی

menštruačná vložka

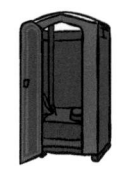

توالت سیار

chemické WC

اتاق بچه
detská izba

ساعت زنگدار
budík
نوعی عروسک نرم به شکل حیوانات
plyšová hračka
ماشین اسباب بازی
hračkárske auto
جغجغه
hrkálka
خانه ی عروسکی
domček pre bábiky
کادو
dar

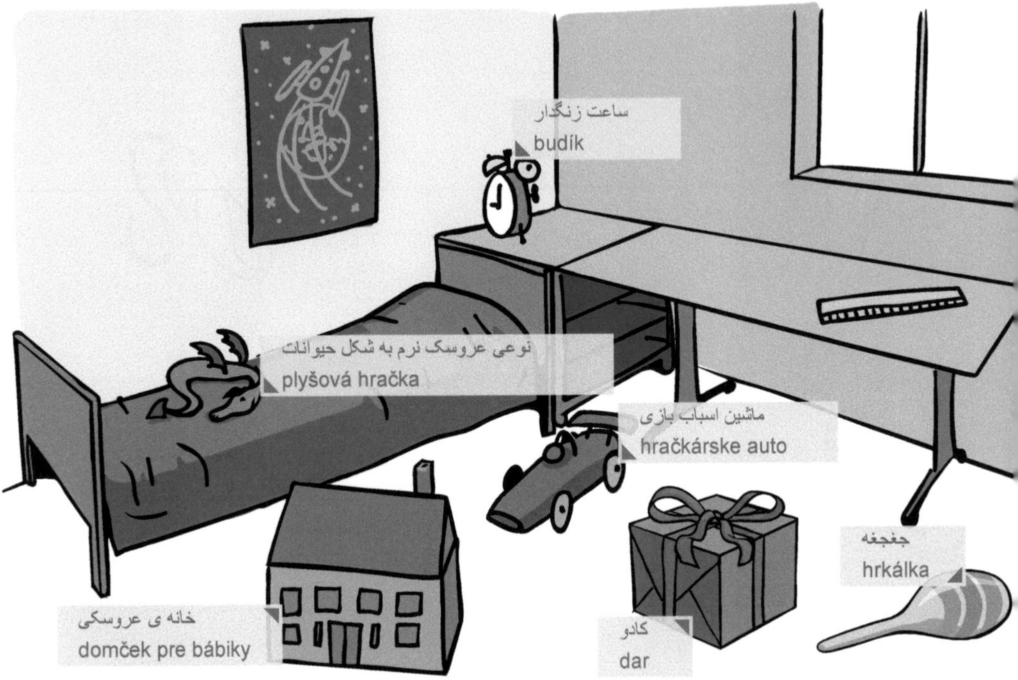

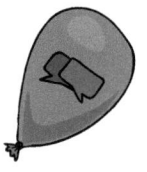

بادکنک

balón

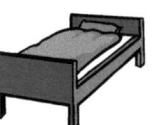

تخت خواب

posteľ

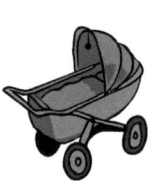

کالسکه بچه

detský kočík

بازی ورق

karty

پازل

puzzle

SUPER MEGA

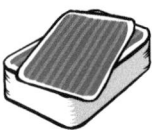

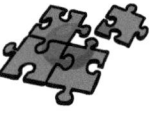

داستان مصور

komix

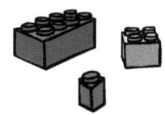

اسباب بازی لگو

skladačka lego

خانه سازی

stavebnica

عروسک شخصیت های فیلم و کارتون

akčná postavička

لباس نوزاد

dupačky

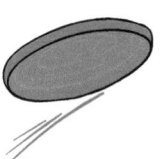

فریزبی

lietajúci tanier

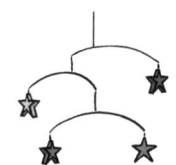

نوعی اسباب بازی که روی تخت نوزاد
یا کودک نصب می شود

závesné hračky

بازی روی صفحه

stolová hra

تاس

kocka

قطار اسباب بازی

modelový vláčik

پستانک

cumlík

مهمانی

párty

کتاب مصور

obrázková kniha

توپ

lopta

عروسک

bábika

بازی کردن

hrať sa

جعبه شنی مخصوص بازی کودکان

pieskovisko

تاب

hojdačka

اسباب بازی

hračky

کنسول بازی های کامپیوتری

hracia konzola

سه چرخه

trojkolka

خرس عروسکی

medvedík

کمد لباس

šatník

šatstvo

جوراب

ponožky

جوراب زنانه ساق بلند

pančuchy

جوراب شلواری

pančuchové nohavičky

شال
šál

چتر
dáždnik

تی شرت
tričko

کمربند
opasok

پوتین
čižmy

دمپایی
papuče

کفش ورزشی کتانی
tenisky

صندل
....
sandále

کفش
....
topánky

چکمه پلاستیکی
....
gumáky

شرت
....
spodky

سوتین
....
podprsenka

جلیقه
....
tielko

بادی

body

شلوار

nohavice

جین

džínsy

دامن

sukňa

بلوز

blúzka

پیراهن

košeľa

پولیور

pulóver

سویی شرت

sveter

نوعی کت

blejzer

ژاکت

bunda

کت بلند

kabát

بارانی

pršiplášť

لباس نمایش

kostým

لباس

šaty

لباس عروس

svadobné šaty

کت و شلوار

oblek

لباس خواب زنانه

nočná košeľa

پیژامه

pyžamo

ساری

sari

روسری

šatka na hlavu

عمامه

turban

برقع

burka

قبا

kaftan

عبا

abaja

لباس شنا

dvojdielne plavky

شرت شنا

plavky

شلوارک

šortky

لباس ورزشی

tepláková súprava

پیشبند

zástera

دستکش

rukavice

دکمه

gombík

عینک

okuliare

دستبند

náramok

گردنبند

retiazka

انگشتر

prsteň

گوشواره

náušnica

کلاه لبه دار

čiapka

چوب لباسی

vešiak

کلاه

klobúk

کراوات

kravata

زیپ

zips

کلاه ایمنی

prilba

بند شلوار

traky

لباس مدرسه

školská uniforma

لباس فرم

uniforma

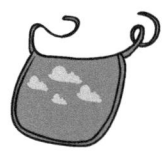

پیش بند بچه

podbradník

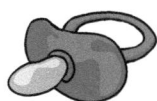

پستانک

cumlík

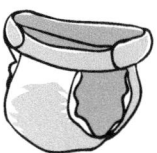

پوشک بچه

plienka

اداره

kancelária

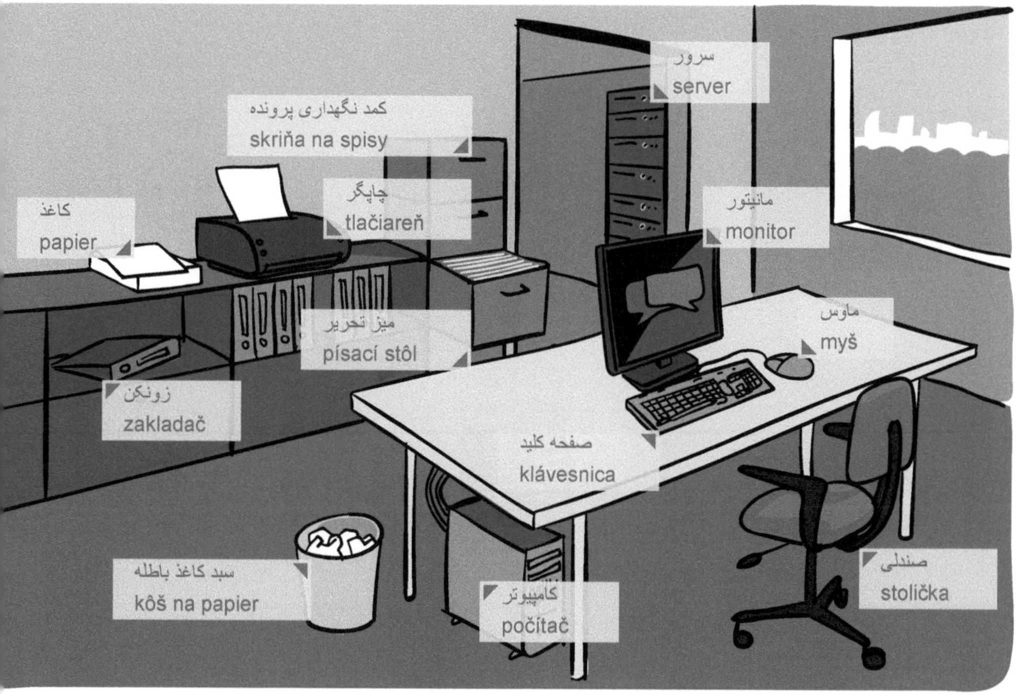
سرور
server
کمد نگهداری پرونده
skriňa na spisy
کاغذ
papier
چاپگر
tlačiareň
مانیتور
monitor
میز تحریر
písací stôl
ماوس
myš
زونکن
zakladač
صفحه کلید
klávesnica
سبد کاغذ باطله
kôš na papier
کامپیوتر
počítač
صندلی
stolička

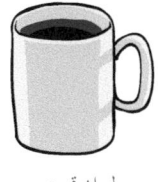

لیوان قهوه

hrnček na kávu

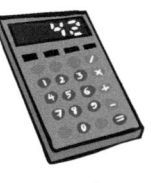

ماشین حساب

kalkulačka

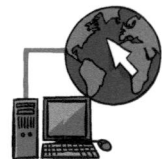

اینترنت

internet

لپ تاپ

laptop

نامه

list

پیغام

správa

تلفن همراه

mobil

شبکه ی ارتباطی

sieť

دستگاه فتوکپی

kopírka

نرم افزار

softvér

تلفن

telefón

پریز

elektrická zásuvka

دستگاه فاکس

fax

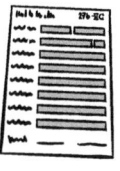

فرم

formulár

مدرک

doklad

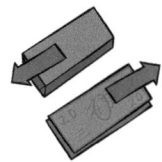

خریدن

kúpiť

پرداخت کردن

platiť

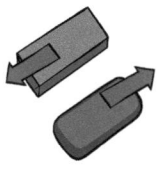

تجارت کردن

obchodovať

پول

peniaze

دلار

dolár

یورو

euro

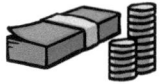

ین

jen

روبل

rubeľ

فرانک سوئیس

švajčiarsky frank

یوان رنمینبی

čínsky jüan

روپیه

rupia

دستگاه خودپرداز

bankomat

صرافی

zmenáreň

طلا

zlato

نقره

striebro

نفت

ropa

انرژی

energia

قیمت

cena

قرارداد

zmluva

مالیات

daň

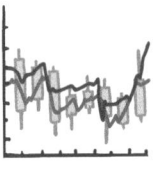

سهام سرمایه

akcia

کار کردن

pracovať

کارمند

zamestnanec

کارفرما

zamestnávateľ

کارخانه

továreň

مغازه

obchod

مشاغل

povolania

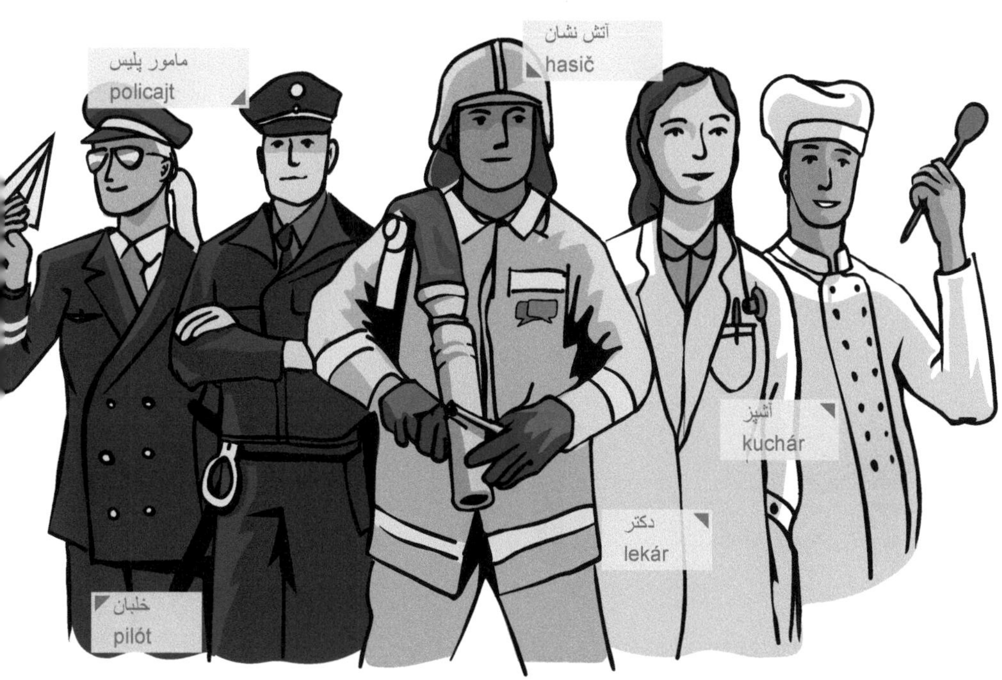

مامور پلیس
policajt
آتش نشان
hasič
آشپز
kuchár
دکتر
lekár
خلبان
pilót

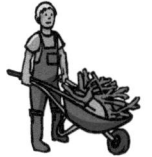

باغبان

záhradník

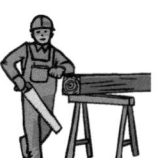

نجار

stolár

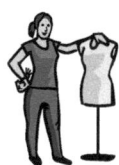

خیاط زنانه

krajčírka

قاضی

sudca

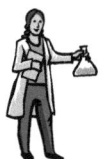

شیمیدان

chemik

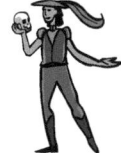

بازیگر

herec

راننده اتوبوس

vodič autobusu

راننده تاکسی

taxikár

ماهیگیر

rybár

نظافتچی زن

upratovačka

سقف ساز

pokrývač

پیشخدمت رستوران

čašník

شکارچی

poľovník

نقاش

maliar

نانوا

pekár

برقکار

elektrikár

کارگر ساختمانی

stavebný robotník

مهندس

inžinier

قصاب

mäsiar

لوله کش

klampiar

پستچی

poštár

سرباز

vojak

معمار

architekt

صندوقدار

pokladník

گل فروش

kvetinár

آرایشگر

kaderník

مامور کنترل بلیط در قطار

sprievodca

مکانیک

mechanik

ناخدا

kapitán

دندانپزشک

zubár

دانشمند

vedec

عالم یهودی

rabín

امام

imám

راهب

mních

کشیش

farár

ابزارآلات

náradie

چکش
kladivo
انبردست
kliešte
پیچ گوشتی
skrutkovač
آچار
kľúč na skrutky
چراغ قوه
baterka

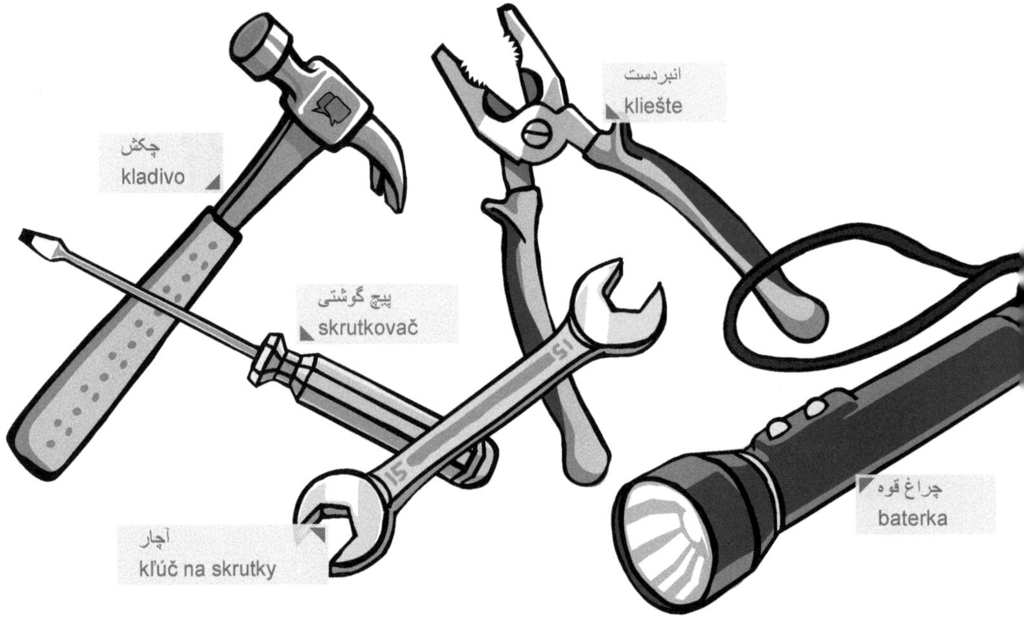

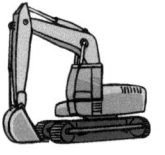

بیل مکانیکی

....

bager

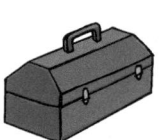

جعبه ابزار

....

súprava náradia

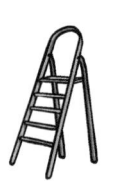

نردبان

....

rebrík

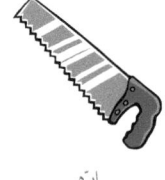

ارّه

....

pílka

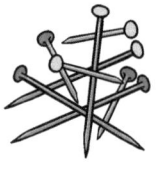

میخ

....

klince

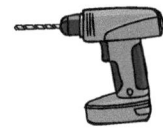

مته

....

vrták

تعمیر کردن

opraviť

بیل

lopata

لعنتی!

Do čerta!

خاک انداز

lopatka na smeti

سطل رنگرزی

nádoba s farbou

پیچ

skrutky

آلات موسیقی

hudobné nástroje

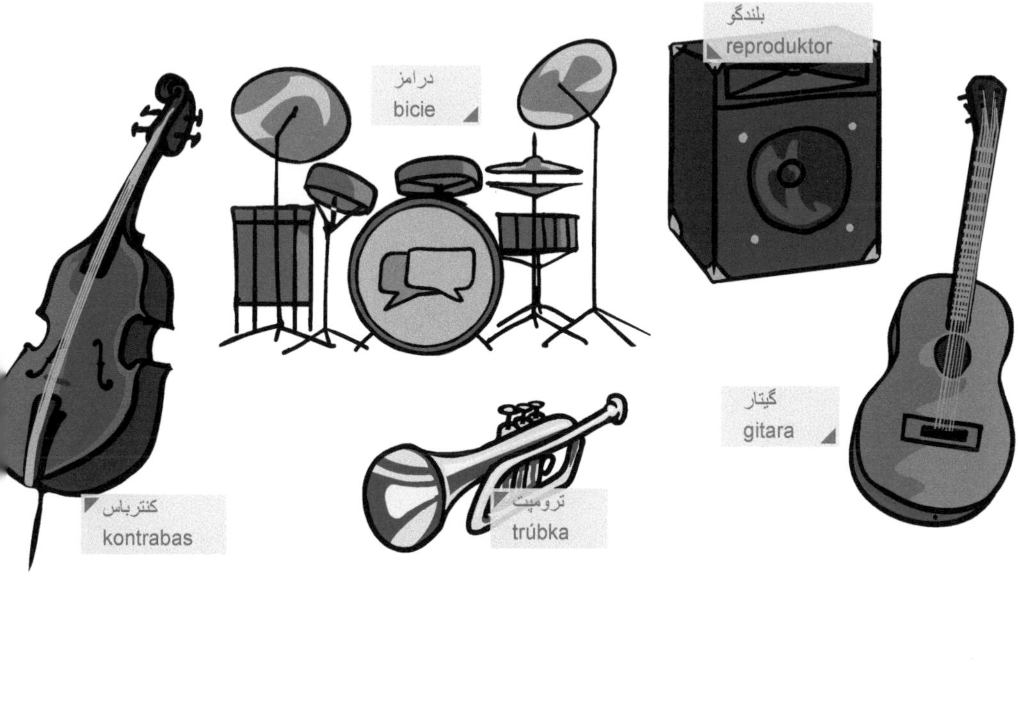

بلندگو
reproduktor

درامز
bicie

گیتار
gitara

کنترباس
kontrabas

ترومپت
trúbka

پیانو

klavír

ویولن

husle

گیتار بیس

basa

تیمپانی

tympany

طبل

bubon

کیبورد الکتریک

klávesnica

ساکسیفون

saxofón

فلوت

flauta

میکروفون

mikrofón

باغ وحش
ZOO

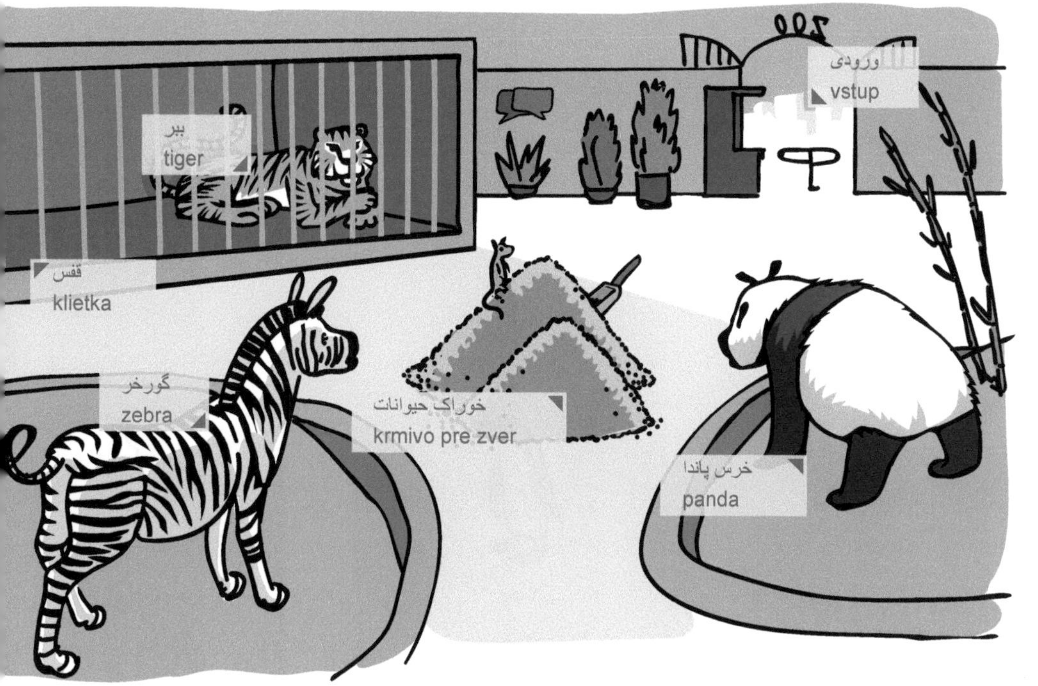
ورودی
vstup
ببر
tiger
قفس
klietka
گورخر
zebra
خوراک حیوانات
krmivo pre zver
خرس پاندا
panda

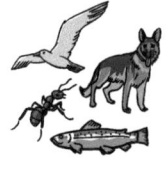

حیوانات

zvieratá

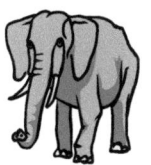

فیل

slon

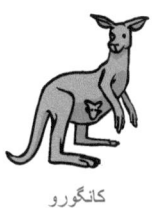

کانگورو

klokan

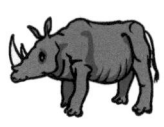

کرگدن

nosorožec

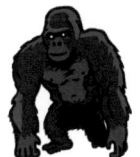

گوریل

gorila

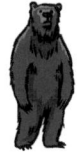

خرس

medveď

شُتَر

ťava

شُترمرغ

pštros

شیر

lev

میمون

opica

فلامینگو

plameniak

طوطی

papagáj

خرس قطبی

ľadový medveď

پنگوئن

tučniak

کوسه

žralok

طاووس

páv

مار

had

تمساح

krokodíl

نگهبان باغ وحش

ošetrovateľ v ZOO

خوک آبی

tuleň

پلنگ امریکایی

jaguár

اسب کوچک

poník

پلنگ

leopard

اسب آبی

hroch

زرافه

žirafa

عقاب

orol

گراز

diviak

ماهی

ryba

لاک پشت

korytnačka

شیرماهی

mrož

روباه

líška

غزال

gazela

šport

فوتبال آمریکایی
americký futbal

دوچرخه سواری
cyklistika

تنیس
tenis

بسکتبال
basketbal

شنا
plávanie

بوکس
box

هاکی روی یخ
hokej

فوتبال
futbal

بدمینتون
bedminton

دوومیدانی
ľahká atletika

هندبال
hádzaná

اسکی
lyžovanie

پولو
pólo

فعالیت ها
aktivity

خندیدن
smiať sa
پریدن
skočiť
بغل کردن
objať
راه رفتن
chodiť
آواز خواندن
spievať
رؤیا دیدن
snívať
دعا کردن
modliť sa
بوسیدن
pobozkať

نوشتن
písať

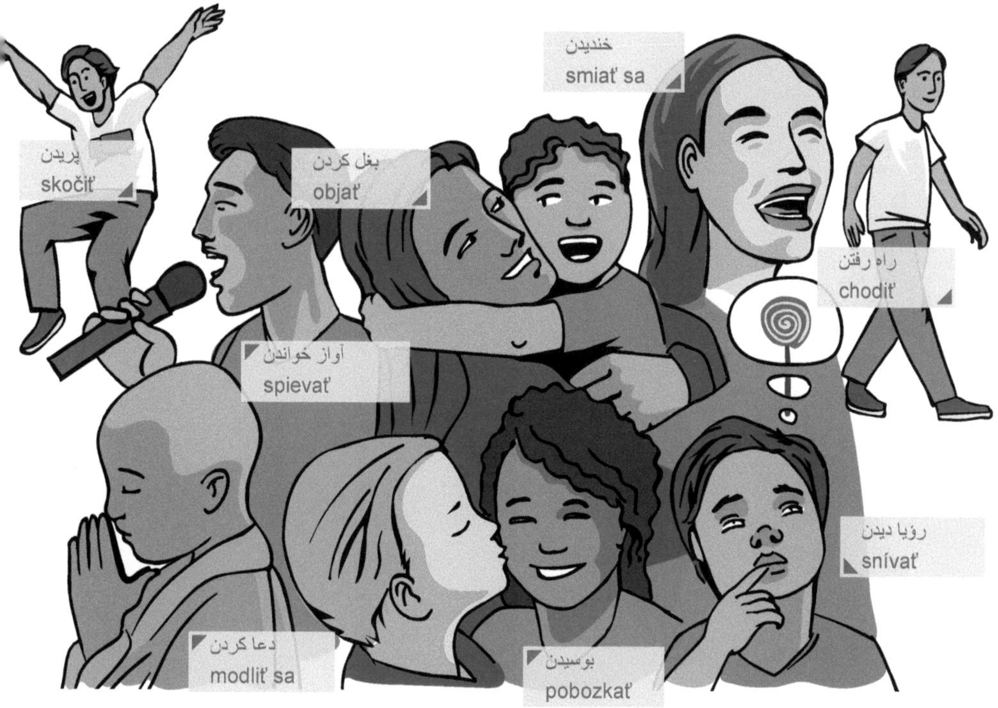

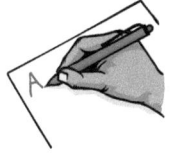

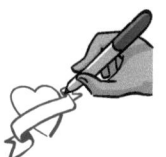

رسم کردن
kresliť

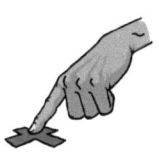

نشان دادن
ukázať

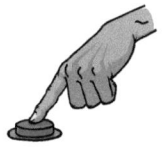

هل دادن
tlačiť

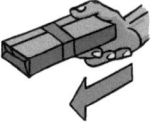

دادن
dať

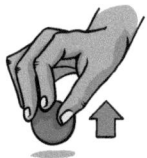

برداشتن
brať

داشتن

mať

انجام دادن

robiť

بودن

byť

ایستادن

stáť

دویدن

bežať

کشیدن

ťahať

پرتاب کردن

hádzať

افتادن

padnúť

دراز کشیدن

ležať

منتظر بودن

čakať

حمل کردن

nosiť

نشستن

sedieť

لباس پوشیدن

obliecť sa

خوابیدن

spať

بیدار شدن

zobudiť sa

تماشا کردن

pozerať

گریه کردن

plakať

نوازش کردن

hladkať

شانه کردن

česať

حرف زدن

hovoriť

فهمیدن

rozumieť

پرسیدن

pýtať sa

شنیدن

počuť

آشامیدن

piť

خوردن

jesť

مرتب کردن

upratať

عاشق بودن

milovať

پختن

variť

رانندگی کردن

jazdiť

پرواز کردن

letieť

قایقرانی کردن
....
plachtiť

محاسبه کردن
....
počítať

خواندن
....
čítať

یاد گرفتن
....
učiť sa

کار کردن
....
pracovať

ازدواج کردن
....
oženiť

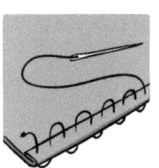

دوختن
....
šiť

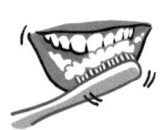

مسواک زدن
....
čistiť zuby

کشتن
....
zabiť

سیگار کشیدن
....
fajčiť

فرستادن
....
poslať

مادربزرگ
stará mama

پدربزرگ
starý otec

پدر
otec

مادر
mama

کودک
bábo

فرزند دختر
dcéra

فرزند پسر
syn

مهمان
hosť

خاله، عمه
teta

دایی، عمو
strýko

برادر
brat

خواهر
sestra

بدن
telo

پیشانی
čelo
چشم
oko
شانه
plece
انگشت دست
prst
صورت
tvár
چانه
brada
دست
ruka
ساق پا
noha
سینه
hruď
بازو
rameno

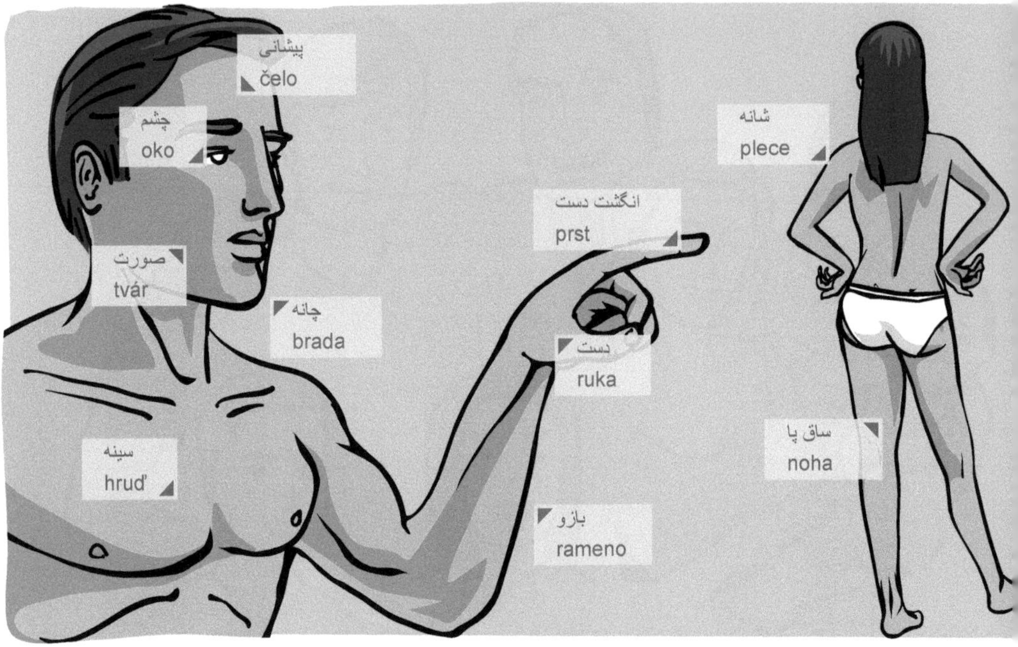

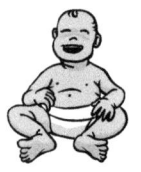

کودک

bábo

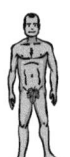

مرد

muž

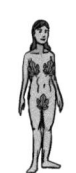

زن

žena

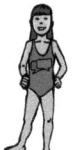

دختربچه

dievča

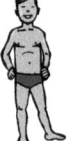

پسربچه

chlapec

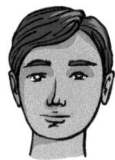

کله

hlava

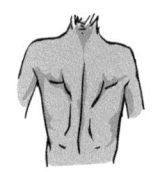

کمر

chrbát

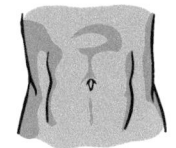

شکم

brucho

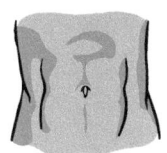

ناف

pupok

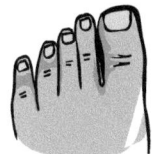

انگشت پا

prst na nohe

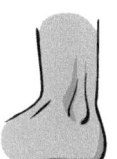

پاشنه

päta

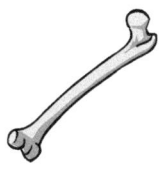

استخوان

kosť

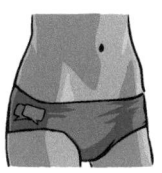

لگن

bok

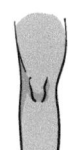

زانو

koleno

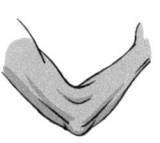

آرنج

lakeť

بینی

nos

نشیمنگاه

zadok

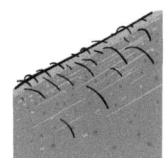

پوست

koža

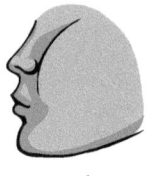

گونه

líce

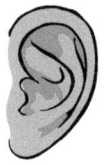

گوش

ucho

لب

pery

دهان

ústa

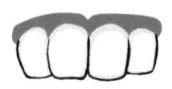

دندان

zub

زبان

jazyk

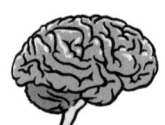

مغز

mozog

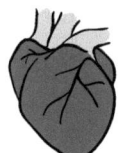

قلب

srdce

عضله

svaly

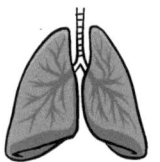

ریه

pľúca

کبد

pečeň

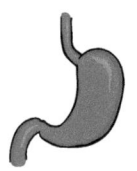

معده

žalúdok

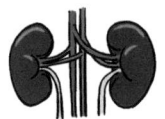

کلیه

obličky

آمیزش جنسی

pohlavný styk

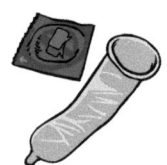

کاندوم

kondóm

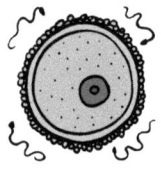

تخمک

vaječná bunka

اسپرم

semeno

حاملگی

tehotenstvo

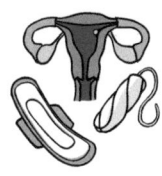

پریود

menštruácia

واژن

vagína

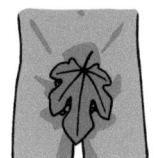

آلت تناسلی مرد

penis

ابرو

obočie

مو

vlasy

گردن

krk

بیمارستان
nemocnica

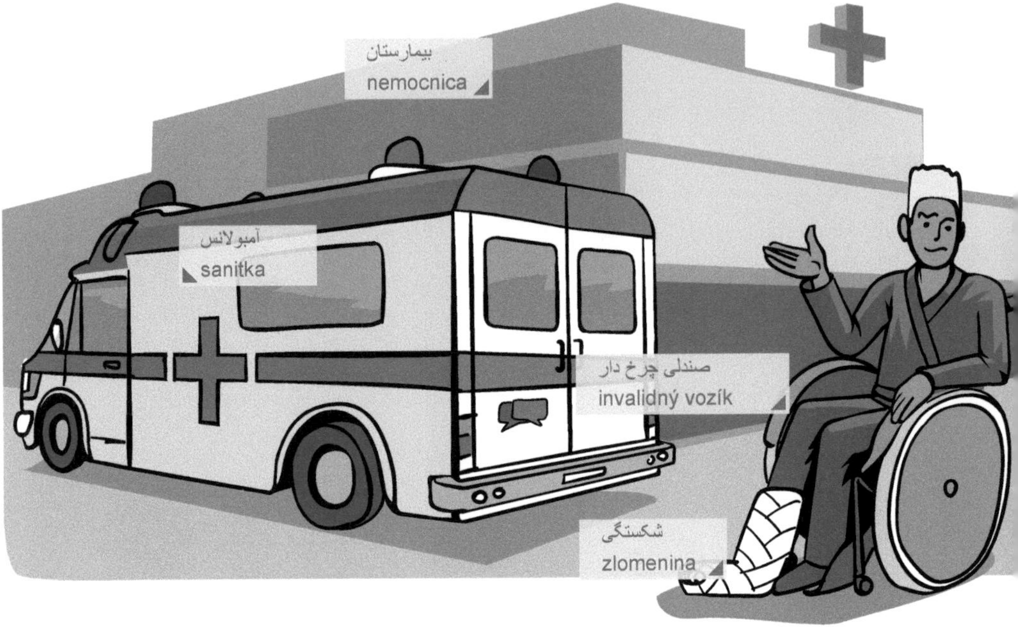

بیمارستان
nemocnica
آمبولانس
sanitka
صندلی چرخ دار
invalidný vozík
شکستگی
zlomenina

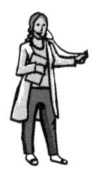

دکتر

lekár

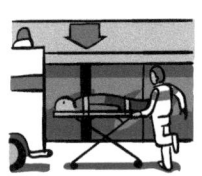

بخش اورژانس

urgentný príjem

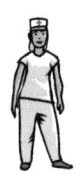

پرستار

sestrička

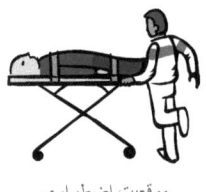

موقعیت اضطراری

urgentný prípad

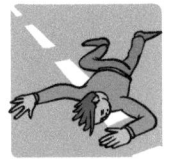

بی هوش

v bezvedomí

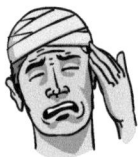

درد

bolesť

مصدومیت

zranenie

خونریزی

krvácanie

سکته قلبی

srdcový infarkt

سکته مغزی

mozgová porážka

آلرژی

alergia

سرفه

kašeľ

تب

teplota

آنفولانزا

chrípka

اسهال

hnačka

سردرد

bolesť hlavy

سرطان

rakovina

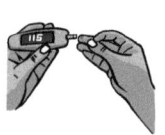

دیابت

cukrovka

جراح

chirurg

چاقوی جراحی

skalpel

عمل جراحی

operácia

سی تی اسکن

CT

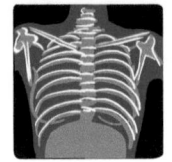

پرتونگاری

RTG

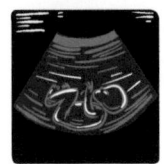

سونوگرافی

ultrazvuk

ماسک صورت

maska

بیماری

choroba

اتاق انتظار

čakáreň

چوب زیر بغل

barla

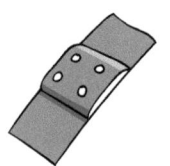

چسب زخم

náplasť

پانسمان

obväz

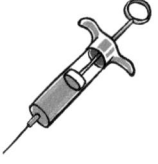

تزریق

injekcia

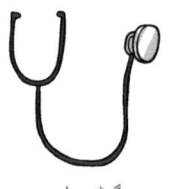

گوشی طبی

fonendoskop

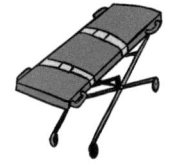

برانکار

nosidlá

دماسنج

teplomer

زایش

pôrod

اضافه وزن

nadváha

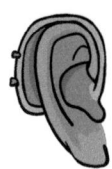

سمعک

audiofón

ماده ضد غفونی کننده

dezinfekčný prostriedok

عفونت

infekcia

ویروس

vírus

اچ آی وی / ایدز

HIV / AIDS

دارو

medicína

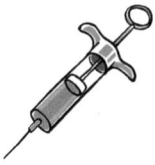

واکسیناسیون

očkovanie

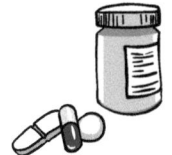

قرص

tabletky

قرص ضد حاملگی

antikoncepčná pilulka

تماس اظطراری

tiesňové volanie

دستگاه اندازه گیری فشارخون

tlakomer

مریض / سالم

chorý / zdravý

کمک!

Pomoc!

آژیر خطر

alarm

حمله

prepad

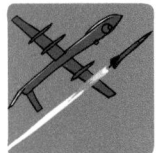

حمله ی فیزیکی

útok

خطر

nebezpečenstvo

خروج اظطراری

núdzový východ

آتش

Horí!

کپسول آتش‌نشانی

hasičský prístroj

تصادف

nehoda

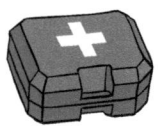

جعبه کمک های اولیه

kufrík prvej pomoci

درخواست کمک

SOS

پلیس

polícia

اروپا

Európa

آمریکای شمالی

Severná Amerika

آمریکای جنوبی

Južná Amerika

آفریقا

Afrika

آسیا

Ázia

استرالیا

Austrália

اقیا نوس اطلس

Atlantický oceán

اقیانوس آرام

Tichý oceán

اقیانوس هند

Indický oceán

اقیا نوس اطلس جنوبی

Južný oceán

اقیانوس منجمد شمالی

Severný ľadový oceán

قطب شمال

Severný pól

قطب جنوب

Južný pól

قاره قطب جنوب

Antarktída

کره زمین

Zem

سرزمین

krajina

دریا

more

جزیره

ostrov

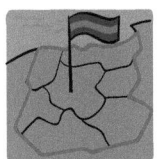

ملت

národ

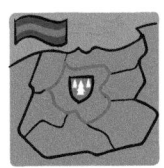

کشور

štát

صفحه ی ساعت

cifernik

ساعت شمار

hodinová ručička

دقیقه شمار

minútová ručička

ثانیه شمار

sekundová ručička

ساعت چند است؟

Koľko je hodín?

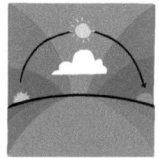

روز

deň

زمان

čas

اکنون

teraz

ساعت دیجیتال

digitálne hodiny

دقیقه

minúta

ساعت

hodina

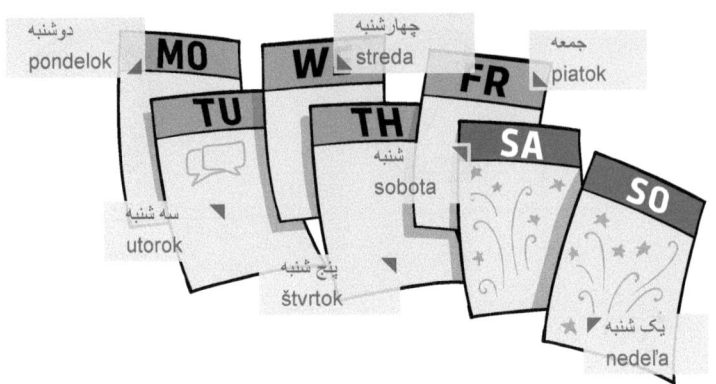

دوشنبه
pondelok

چهارشنبه
streda

جمعه
piatok

شنبه
sobota

سه شنبه
utorok

پنج شنبه
štvrtok

یک شنبه
nedeľa

دیروز

včera

امروز

dnes

فردا

zajtra

صبح

ráno

ظهر

poludnie

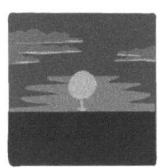

غروب

večer

روزهای کاری

pracovné dni

آخر هفته

víkend

سال
rok

باران
dážď
رنگین کمان
dúha
برف
sneh
باد
vietor
بهار
jar
پاییز
jeseň
تابستان
leto
زمستان
zima

4.APRIL 11°
5.APRIL 4°
6.APRIL 13°
7.APRIL 8°
8.APRIL 10°

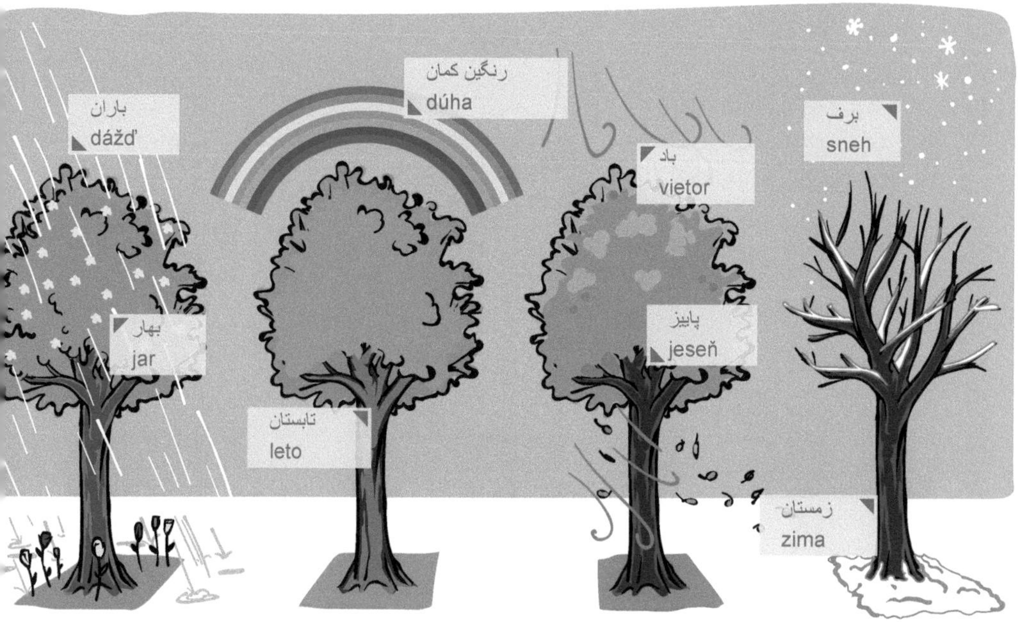

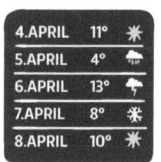

پیش‌بینی اوضاع جوی
....
predpoveď počasia

F C
120 40
90 30
60 20
30 10
0 0
-30 -10
-20

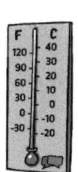

دماسنج
....
teplomer

تابش آفتاب
....
slnečný svit

ابر
....
oblak

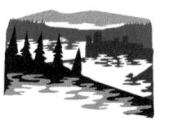

مِه
....
hmla

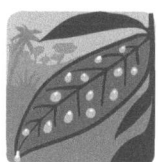

رطوبت هوا
....
vlhkosť vzduchu

صاعقه

blesk

آسمان غره

hrom

طوفان

búrka

تگرگ

krúpy

باد موسمی

monzún

سیل

záplava

یخ

ľad

ژانویه

január

فوریه

február

مارس

marec

آوریل

apríl

مه

máj

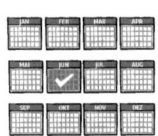

ژوئن

jún

ژوئیه

júl

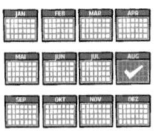

اگوست

august

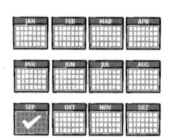

سپتامبر
....
september

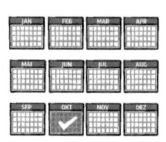

أكتبر
....
október

نوامبر
....
november

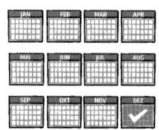

دسامبر
....
december

آشكال

tvary

دايره
....
kruh

مربع
....
štvorec

مستطيل
....
obdĺžnik

سه گوش
....
trojuholník

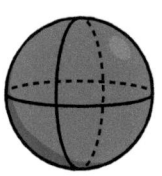

گره
....
guľa

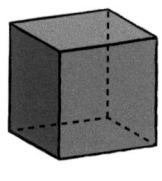

مكعب مربع
....
kocka

سفید

biela

زرد

žltá

نارنجی

oranžová

صورتی

ružová

قرمز

červená

بنفش

fialová

آبی

modrá

سبز

zelená

قهوه ای

hnedá

خاکستری

šedá

سیاه

čierna

خیلی / کم

veľa / málo

خشمگین/ آرام

zúrivý / pokojný

زیبا / زشت

pekný / škaredý

شروع / پایان

začiatok / koniec

بزرگ / کوچک

veľký / malý

روشن / تیره

svetlý / tmavý

برادر / خواهر

brat / sestra

تمیز / آلوده

čistý / špinavý

کامل / ناقص

úplný / neúplný

روز / شب

deň / noc

مرده / زنده

mŕtvy / živý

پهن / باریک

široký / úzky

قابل خوردن / غیر قابل خوردن

chutný / nechutný

غضبناک / مهربان

zlostný / láskavý

هیجان زده / بی حوصله

vzrušený / unudený

چاق / لاغر

tlstý / chudý

اولین / آخرین

prvý / posledný

دوست / دشمن

priateľ / nepriateľ

پر / خالی

plný / prázdny

سفت / نرم

tvrdý / mäkký

سنگین / سبک

ťažký / ľahký

گرسنگی / تشنگی

hlad / smäd

مریض / سالم

chorý / zdravý

غیرقانونی / قانونی

nelegálny / legálny

باهوش / خنگ

inteligentný / hlúpy

چپ / راست

vľavo / vpravo

نزدیک / دور

blízko / ďaleko

نو / استفاده شده

nový / použitý

هیچ چیز / چیزی

nič / niečo

پیر / جوان

starý / mladý

روشن / خاموش

zapnuté / vypnuté

باز / بسته

otvorené / zatvorené

آهسته / بلند

tichý / hlasný

ثروتمند / فقیر

bohatý / chudobný

درست / غلط

správne / nesprávne

زبر / صاف

drsný / hladký

غمگین / خوشحال

smutný / šťastný

کوتاه / بلند

krátky / dlhý

کند / تند

pomaly / rýchlo

تر / خشک

mokrý / suchý

گرم / خنک

teplý / studený

جنگ / صلح

vojna / mier

0	**1**	**2**
صفر	یک	دو
nula	jeden	dva
3	**4**	**5**
سه	چهار	پنج
tri	štyri	päť
6	**7**	**8**
شش	هفت	هشت
šesť	sedem	osem
9	**10**	**11**
نه	دَه	یازده
deväť	desať	jedenásť

12

دوازده

dvanásť

13

سیزده

trinásť

14

چهارده

štrnásť

15

پانزده

pätnásť

16

شانزده

šestnásť

17

هفده

sedemnásť

18

هجده

osemnásť

19

نوزده

devätnásť

20

بیست

dvadsať

100

صد

sto

1.000

هزار

tisíc

1.000.000

میلیون

milión

انگلیسی

anglička

انگلیسی آمریکایی

americká angličtina

چینی ماندارین

mandarínska čínština

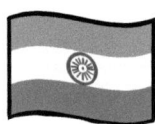

هندی

hindčina

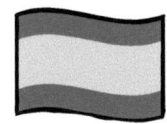

اسپانیایی

španielčina

فرانسوی

francúzština

عربی

arabčina

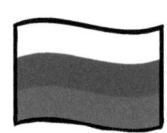

روسی

ruština

پرتغالی

portugalčina

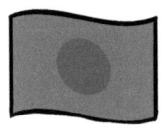

بنگالی

bengálčina

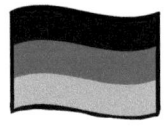

آلمانی

nemčina

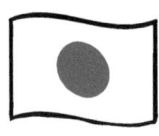

ژاپنی

japončina

من

ja

تو

ty

او

on/ona/ono

ما

my

شما

vy

آنها

oni

چه کسی؟ کی؟

kto?

چی؟

čo?

چگونه؟

ako?

کجا؟

kde?

کی؟

kedy?

نام

meno

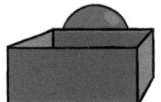

پشت

za

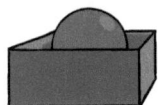

توی

v

جلو

pred

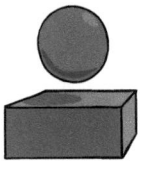

بالای

nad

روی

na

زیر

pod

مجاور

vedľa

بین

medzi

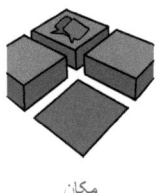

مکان

miesto